PRÉFACE

La collection de guides de conversation "Tout ira bien!", publié par T&P Books, est conçue pour les gens qui voyagent par affaire ou par plaisir. Les guides de conversations contiennent le plus important - l'essentiel pour la communication de base. Il s'agit d'une série indispensable de phrases pour survivre à l'étranger.

Ce guide de conversation vous aidera dans la plupart des cas où vous devez demander quelque chose, trouver une direction, découvrir le prix d'un souvenir, etc. Il peut aussi résoudre des situations de communication difficile lorsque la gesticulation n'aide pas.

Ce livre contient beaucoup de phrases qui ont été groupées par thèmes. Vous trouverez aussi un mini dictionnaire avec des mots utiles - les nombres, le temps, le calendrier, les couleurs...

Emmenez avec vous un guide de conversation "Tout ira bien!" sur la route et vous aurez un compagnon de voyage irremplaçable qui vous aidera à vous sortir de toutes les situations et vous enseignera à ne pas avoir peur de parler aux étrangers.

TABLE DES MATIÈRES

T&P Books Publishing

Collection de guides de conversation "Tout ira bien!"

T&P Books Publishing

GUIDE DE CONVERSATION

ARABE

LES PHRASES LES PLUS UTILES

Ce guide de conversation contient les phrases et les questions les plus communes et nécessaires pour communiquer avec des étrangers

Par Andrey Taranov

T&P BOOKS

Guide de conversation + dictionnaire de 250 mots

Guide de conversation Français-Arabe et mini dictionnaire de 250 mots

Par Andrey Taranov

La collection de guides de conversation "Tout ira bien!", publiée par T&P Books, est conçue pour les gens qui voyagent par affaire ou par plaisir. Les guides contiennent l'essentiel pour la communication de base. Il s'agit d'une série indispensable de phrases pour "survivre" à l'étranger.

Vous trouverez aussi un mini dictionnaire de 250 mots utiles, nécessaire à la communication quotidienne - le nom des mois, des jours, les unités de mesure, les membres de la famille, et plus encore.

T&P Books Publishing
www.tpbooks.com

ISBN: 978-1-78716-942-5

Ce livre existe également en format électronique.
Pour plus d'informations, veuillez consulter notre site: www.tpbooks.com
ou rendez-vous sur ceux des grandes librairies en ligne.

PRONONCIATION

Alphabet phonétique T&P	Exemple en arabe	Exemple en français
[a]	طَفّى [ṭaffa]	classe
[ā]	إختار [iχtār]	camarade
[e]	هامبورجر [hamburger]	équipe
[i]	زفاف [zifāf]	stylo
[ī]	أبريل [abrīl]	industrie
[u]	كلكتا [kalkutta]	boulevard
[ū]	جاموس [ʒāmūs]	sucre
[b]	بداية [bidāya]	bureau
[d]	سعادة [saʿāda]	document
[ḍ]	وضع [waḍ]	[d] pharyngale
[ʒ]	الأرجنتين [arʒantīn]	jeunesse
[ð]	تذكار [tiðkār]	[th] pharyngalisé
[z]	ظهر [zahar]	[z] pharyngale
[f]	خفيف [χafīf]	formule
[g]	جولف [gūlf]	gris
[h]	إتّجاه [ittiʒāh]	[h] aspiré
[ḥ]	أحبّ [aḥabb]	[h] pharyngale
[y]	ذهبيّ [ðahabiy]	maillot
[k]	كرسيّ [kursiy]	bocal
[l]	لمح [lamaḥ]	vélo
[m]	مرصد [marṣad]	minéral
[n]	جنوب [ʒanūb]	ananas
[p]	كابتشينو [kaputʃīnu]	panama
[q]	وثق [waθiq]	cadeau
[r]	روح [rūḥ]	racine, rouge
[s]	سخرية [suχriyya]	syndicat
[ṣ]	معصم [miʿṣam]	[s] pharyngale
[ʃ]	عشاء [ʿaʃāʾ]	chariot
[t]	تنّوب [tannūb]	tennis
[ṭ]	خريطة [χarīṭa]	[t] pharyngale
[θ]	ماموث [mamūθ]	consonne fricative dentale sourde
[v]	فيتنام [vitnām]	rivière
[w]	ودّع [waddaʿ]	iguane
[χ]	بخيل [baχīl]	scots - nicht, allemand - Dach

5

Alphabet phonétique T&P	Exemple en arabe	Exemple en français
[ɣ]	تغدّى [taɣadda]	g espagnol - amigo, magnífico
[z]	ماعز [mã'iz]	gazeuse
['] (ayn)	سبعة [sab'a]	consonne fricative pharyngale voisée
['] (hamza)	سأل [sa'al]	coup de glotte

LISTE DES ABRÉVIATIONS

Abréviations en arabe

du	-	nom (à double) pluriel
f	-	nom féminin
m	-	nom masculin
pl	-	pluriel

Abréviations en français

adj	-	adjective
adv	-	adverbe
anim.	-	animé
conj	-	conjonction
dénombr.	-	dénombrable
etc.	-	et cetera
f	-	nom féminin
f pl	-	féminin pluriel
fam.	-	familiar
fem.	-	féminin
form.	-	formal
inanim.	-	inanimé
indénombr.	-	indénombrable
m	-	nom masculin
m pl	-	masculin pluriel
m, f	-	masculin, féminin
masc.	-	masculin
math	-	mathematics
mil.	-	militaire
pl	-	pluriel
prep	-	préposition
pron	-	pronom
qch	-	quelque chose
qn	-	quelqu'un
sing.	-	singulier
v aux	-	verbe auxiliaire
v imp	-	verbe impersonnel
vi	-	verbe intransitif
vi, vt	-	verbe intransitif, transitif

vp	-	verbe pronominal
vt	-	verbe transitif

T&P BOOKS

GUIDE DE CONVERSATION ARABE

Cette section contient
des phrases importantes
qui peuvent être utiles dans
des situations courantes.
Le guide vous aidera
à demander des directions,
clarifier le prix, acheter
des billets et commander
des plats au restaurant

T&P Books Publishing

CONTENU DU GUIDE DE CONVERSATION

T&P Books Publishing

Excusez-moi, ...	ba'd ezznak, ... ،بعد إذنك
Bonjour	ahlan أهلا
Merci	ʃokran شكراً
Au revoir	ella alliqā' إلى اللقاء
Oui	aywā أيوة
Non	la'a لأ
Je ne sais pas.	ma'raʃʃ ما أعرفش
Où? | Où? | Quand?	feyn? | lefeyn? | emta? إمتى؟ أ لفين؟ ا فين؟
J'ai besoin de ...	meḥtāg ... ... محتاج
Je veux ...	'āyez ... ... عايز
Avez-vous ... ?	ya tara 'andak ...? يا ترى عندك... ؟
Est-ce qu'il y a ... ici?	feyh hena ...? فيه هنا ...؟
Puis-je ... ?	momken ...? ممكن ...؟
s'il vous plaît (pour une demande)	... men faḍlak من فضلك ...
Je cherche ...	ana badawwar 'la ... أنا بادور على ...
les toilettes	ḥammām حمام
un distributeur	makīnet ṣarraf 'āaly ماكينة صراف آلي
une pharmacie	ṣaydaliya صيدلية
l'hôpital	mostaʃfa مستشفى
le commissariat de police	'essm el ʃorṭa قسم شرطة
une station de métro	metro el anfā' مترو الأنفاق

un taxi	taksi
	تاكسي
la gare	mahattet el 'attr
	محطة القطر

Je m'appelle ...	essmy ...
	إسمي...
Comment vous appelez-vous?	essmak eyh?
	اسمك إيه؟
Aidez-moi, s'il vous plaît.	te'ddar tesā'dny?
	تقدر تساعدني؟
J'ai un problème.	ana 'andy moʃkela
	أنا عندي مشكلة
Je ne me sens pas bien.	ana ta'bān
	أنا تعبان
Appelez une ambulance!	otlob 'arabeyet es'āf!
	!أطلب عربية إسعاف
Puis-je faire un appel?	momken a'mel mokalma telefoniya?
	ممكن أعمل مكالمة تليفونية؟

Excusez-moi.	ana 'āssif
	أنا آسف
Je vous en prie.	el 'afw
	العفو

je, moi	ana
	أنا
tu, toi	enta
	أنت
il	howwa
	هو
elle	hiya
	هي
ils	homm
	هم
elles	homm
	هم
nous	ehna
	احنا
vous	entom
	انتم
Vous	haddretak
	حضرتك

ENTRÉE	doxūl
	دخول
SORTIE	xorūg
	خروج
HORS SERVICE	EN PANNE	'attlān
	عطلان
FERMÉ	moylaq
	مغلق

OUVERT	maftūḥ
	مفتوح
POUR LES FEMMES	lel sayedāt
	للسيدات
POUR LES HOMMES	lel regāl
	للرجال

Questions

Où? (lieu)	feyn? فين؟
Où? (direction)	lefeyn? لفين؟
D'où?	men feyn? من فين؟
Pourquoi?	leyh? ليه؟
Pour quelle raison?	le'ayī sabab? لأي سبب؟
Quand?	emta? إمتى؟
Combien de temps?	leḥadd emta? لحد إمتى؟
À quelle heure?	fi ayī sā'a? في أي ساعة؟
C'est combien?	bekām? بكام؟
Avez-vous ... ?	ya tara 'andak ...? يا ترى عندك ...؟
Où est ..., s'il vous plaît?	feyn ...? فين ...؟
Quelle heure est-il?	el sā'a kām? الساعة كام؟
Puis-je faire un appel?	momken a'mel mokalma telefoniya? ممكن أعمل مكالمة تليفونية؟
Qui est là?	meyn henāk? مين هناك؟
Puis-je fumer ici?	momken addaxen hena? ممكن أدخن هنا؟
Puis-je ...?	momken ...? ممكن ...؟

Besoins

Je voudrais ...	aḥebb ... أحب ...
Je ne veux pas ...	meʃ ʿāyiz ... مش عايز ...
J'ai soif.	ana ʿaṭʃān أنا عطشان
Je veux dormir.	ʿāyez anām عايز أنام

Je veux ...	ʿāyez ... عايز ...
me laver	atʃaṭṭaf أتشطف
brosser mes dents	aɣsel senāny أغسل سناني
me reposer un instant	artāḥ ʃwaya أرتاح شوية
changer de vêtements	aɣayar hodūmy أغير هدومي

retourner à l'hôtel	argaʿ lel fondoq أرجع للفندق
acheter ...	ʃerāʾ ... شراء ...
aller à ...	arūḥ le... أروح لـ...
visiter ...	azūr ... أزور ...
rencontrer ...	aʿābel ... أقابل ...
faire un appel	aʿmel mokalma telefoniya أعمل مكالمة تليفونية

Je suis fatigué /fatiguée/	ana taʿbān أنا تعبان
Nous sommes fatigués /fatiguées/	eḥna taʿbānīn إحنا تعبانين
J'ai froid.	ana bardān أنا بردان
J'ai chaud.	ana ḥarran أنا حران
Je suis bien.	ana kowayes أنا كويس

Il me faut faire un appel.

mehtāg a'mel mokalma telefoneya
محتاج أعمل مكالمة تليفونية

J'ai besoin d'aller aux toilettes.

mehtāg arūh el hammam
محتاج أروح الحمام

Il faut que j'aille.

lāzem amſy
لازم أمشي

Je dois partir maintenant.

lāzem amſy dellwa'ty
لازم أمشي دلوقتي

Comment demander la direction

Excusez-moi, ...
ba'd ezznak, ...
بعد إذنك، ...

Où est ..., s'il vous plaît?
feyn ...?
فين ...؟

Dans quelle direction est ... ?
meneyn ...?
منين ...؟

Pouvez-vous m'aider, s'il vous plaît ?
momken tesā'edny, men faḍlak?
ممكن تساعدني، من فضلك؟

Je cherche ...
ana badawwar 'la ...
أنا بادور على ...

La sortie, s'il vous plaît?
baddawwar 'la ṭarīq el xorūg
بادور على طريق الخروج

Je vais à ...
ana rāyeḥ le...
أنا رايح لـ...

C'est la bonne direction pour ...?
ana māʃy fel ṭarīq el ṣaḥḥ le ...?
أنا ماشي في الطريق الصح لـ... ؟

C'est loin?
howwa be'īd?
هو بعيد؟

Est-ce que je peux y aller à pied?
momken awṣal ḥenāk māʃy?
ممكن أوصل هناك ماشي؟

Pouvez-vous me le montrer sur la carte?
momken tewarrīny 'lal xarīṭa?
ممكن توريني على الخريطة؟

Montrez-moi où sommes-nous,
s'il vous plaît.
momken tewarrīny eḥna feyn dellwa'ty?
ممكن توريني إحنا فين دلوقتي؟

Ici
hena
هنا

Là-bas
henāk
هناك

Par ici
men hena
من هنا

Tournez à droite.
oddxol yemīn
ادخل يمين

Tournez à gauche.
oddxol ʃemal
ادخل شمال

Prenez la première
(deuxième, troisième) rue.
awwel (tāny, tālet) ʃāre'
أول (تاني، تالت) شارع

à droite	ʻlal yemīn على اليمين
à gauche	ʻlal ʃemal على الشمال
Continuez tout droit.	ʻla ṭūl على طول

Affiches, Pancartes

BIENVENUE!	marḥaba	مرحبا
ENTRÉE	doχūl	دخول
SORTIE	χorūg	خروج
POUSSEZ	eddfa'	إدفع
TIREZ	ess-ḥab	إسحب
OUVERT	maftūḥ	مفتوح
FERMÉ	moγlaq	مغلق
POUR LES FEMMES	lel sayedāt	للسيدات
POUR LES HOMMES	lel regāl	للرجال
MESSIEURS (m)	el sāda	السادة
FEMMES (f)	el sayedāt	السيدات
RABAIS	SOLDES	taχfīḍāt	تخفيضات
PROMOTION	okazyōn	اوكازيون
GRATUIT	maggānan	مجانا
NOUVEAU!	gedīd!	!جديد
ATTENTION!	ennttabeh!	!إنتبه
COMPLET	mafīʃ makān	ما فيش مكان
RÉSERVÉ	maḥgūz	محجوز
ADMINISTRATION	el edāra	الإدارة
PERSONNEL SEULEMENT	lel 'āmelīn faqaṭ	للعاملين فقط

ATTENTION AU CHIEN!	ehhtaress men el kalb!
	إحترس من الكلب!
NE PAS FUMER!	mammnū' el tadχīn!
	ممنوع التدخين!
NE PAS TOUCHER!	mammnū' el lammss!
	ممنوع اللمس!
DANGEREUX	χatīr
	خطير
DANGER	χatar
	خطر
HAUTE TENSION	gohd 'āly
	جهد عالي
BAIGNADE INTERDITE!	mammnū' el sebāḥa!
	ممنوع السباحة!

HORS SERVICE | EN PANNE	'attlān
	عطلان
INFLAMMABLE	qābel lel eʃte'āl
	قابل للإشتعال
INTERDIT	mammnū'
	ممنوع
ENTRÉE INTERDITE!	mammnū' el taχatty!
	ممنوع التخطي!
PEINTURE FRAÎCHE	ṭalā' ḥadiis
	طلاء حديث

FERMÉ POUR TRAVAUX	moχlaq lel tagdedāt
	مغلق للتجديدات
TRAVAUX EN COURS	aʃχāl fel ṭarīq
	أشغال في الطريق
DÉVIATION	monḥany
	منحنى

Transport - Phrases générales

avion	ṭayāra طيّارة
train	'attr قطر
bus, autobus	otobiis اوتوبيس
ferry	safīna سفينة
taxi	taksi تاكسي
voiture	'arabiya عربية

horaire	gadwal جدول
Où puis-je voir l'horaire?	a'dar aʃūf el gadwal feyn? أقدر أشوف الجدول فين؟
jours ouvrables	ayām el ossbū' أيام الأسبوع
jours non ouvrables	nehāyet el osbū' نهاية الأسبوع
jours fériés	el 'agazāt الأجازات

DÉPART	el saffar السفر
ARRIVÉE	el wosūl الوصول
RETARDÉE	mett'χara متأخرة
ANNULÉE	molχā ملغاه

prochain (train, etc.)	el gayī الجاي
premier	el awwel الأول
dernier	el 'aχīr الأخير

À quelle heure est le prochain ...?	emta el ... elly gayī? إللي جاي؟ ... إمتى الـ
À quelle heure est le premier ...?	emta awwel ...? إمتى اول ...؟

À quelle heure est le dernier …?	emta 'āχer …? إمتى آخر ...؟
correspondance	tabdīl تبديل
prendre la correspondance	abaddel أبدل
Dois-je prendre la correspondance?	hal ahtāg le tabdīl el…? هل أحتاج لتبديل الـ...؟

Acheter un billet

Où puis-je acheter des billets?	meneyn momken aftery tazāker? منين ممكن أشتري تذاكر؟
billet	tazzkara تذكرة
acheter un billet	ferā' tazāker شراء تذاكر
le prix d'un billet	as'ār el tazāker أسعار التذاكر

Pour aller où?	lefeyn? لفين؟
Quelle destination?	le'ayī mahatta? لأي محطة؟
Je voudrais ...	mehtāg ... محتاج ...
un billet	tazzkara wahda تذكرة واحدة
deux billets	tazzkarteyn تذكرتين
trois billets	talat tazāker تلات تذاكر

aller simple	zehāb faqatt ذهاب فقط
aller-retour	zehāb we 'awda ذهاب وعودة
première classe	daraga ūla درجة أولى
classe économique	daraga tanya درجة ثانية

aujourd'hui	el naharda النهاردة
demain	bokra بكرة
après-demain	ba'd bokra بعد بكرة
dans la matinée	el sobh الصبح
l'après-midi	ba'd el zohr بعد الظهر
dans la soirée	bel leyl بالليل

siège côté couloir	korsy mammar
	كرسي ممر
siège côté fenêtre	korsy ʃebbāk
	كرسي شباك
C'est combien?	bekām?
	بكام؟
Puis-je payer avec la carte?	momken addfaʿ be kart eʾtemān?
	ممكن أدفع بكارت إئتمان؟

L'autobus

bus, autobus	el otobiis الأوتوبيس
autocar	otobiis beyn el moddon أوتوبيس بين المدن
arrêt d'autobus	mahattet el otobiis محطة الأوتوبيس
Où est l'arrêt d'autobus le plus proche?	feyn aqrab mahattet otobiis? فين أقرب محطة أوتوبيس؟
numéro	raqam رقم
Quel bus dois-je prendre pour aller à ...?	'āχod ayī otobiis le ...? أخذ أي اوتوبيس لـ...؟
Est-ce que ce bus va à ...?	el otobiis da beyrūh ...? الأوتوبيس دة بيروح ...؟
L'autobus passe tous les combien?	el otobiis beyīgi kol 'add eyh? الأوتوبيس بيجي كل قد إيه؟
chaque quart d'heure	kol χamasstāʃar daqīqa كل 15 دقيقة
chaque demi-heure	kol noṣṣ sā'a كل نص ساعة
chaque heure	kol sā'a كل ساعة
plusieurs fois par jour	kaza marra fel yome كذا مرة في اليوم
... fois par jour	... marrat fell yome مرات في اليوم ...
horaire	gadwal جدول
Où puis-je voir l'horaire?	a'dar aʃūf el gadwal feyn? أقدر أشوف الجدول فين؟
À quelle heure passe le prochain bus?	emta el otobīss elly gayī? إمتى الأتوبيس إللي جاي؟
À quelle heure passe le premier bus?	emta awwel otobiis? إمتى أول أوتوبيس؟
À quelle heure passe le dernier bus?	emta 'āχer otobiis? إمتى آخر أوتوبيس؟
arrêt	mahatta محطة
prochain arrêt	el mahatta el gaya المحطة الجاية

terminus	aᵪer maḥatta آخر محطة (أخر الخط)
Pouvez-vous arrêter ici, s'il vous plaît.	laww samaḥt, wa'eff hena لو سمحت، وقف هنا
Excusez-moi, c'est mon arrêt.	ba'd ezznak, di maḥaṭṭetti بعد إذنك، دي محطتي

Train

train	el 'aṭṭr القطر
train de banlieue	'aṭṭr el dawāhy قطر الضواحي
train de grande ligne	'aṭṭr el masāfāt el ṭawīla قطر المسافات الطويلة
la gare	maḥattet el 'aṭṭr محطة القطر
Excusez-moi, où est la sortie vers les quais?	ba'd ezznak, meneyn el ṭarīq lel raṣīf بعد إذنك، منين الطريق للرصيف؟

Est-ce que ce train va à …?	el 'aṭṭr da beyrūh …? ألقطر دة بيروح …؟
le prochain train	el 'aṭṭr el gayī? القطر الجاي؟
À quelle heure est le prochain train?	emta el 'aṭṭr elly gayī? إمتى القطر إللي جاي؟
Où puis-je voir l'horaire?	a'dar aʃūf el gadwal feyn? أقدر أشوف الجدول فين؟
De quel quai?	men ayī raṣīf? من أي رصيف؟
À quelle heure arrive le train à …?	emta yewṣal el 'aṭṭr …? إمتى يوصل القطر … ؟

Pouvez-vous m'aider, s'il vous plaît?	argūk sā'dny ارجوك ساعدني
Je cherche ma place.	baddawwar 'lal korsy betā'y بادور على الكرسي بتاعي
Nous cherchons nos places.	eḥna benndawwar 'la karāsy إحنا بندور على كراسي
Ma place est occupée.	el korsy betā'i maʃɣūl الكرسي بتاعي مشغول
Nos places sont occupées.	karaseyna maʃɣūla كراسينا مشغولة

Excusez-moi, mais c'est ma place.	'ann ezznak, el korsy da betā'y عن إذنك، الكرسي دة بتاعي
Est-ce que cette place est libre?	el korsy da maḥgūz? الكرسي دة محجوز؟
Puis-je m'asseoir ici?	momken a''od hena? ممكن أقعد هنا؟

Sur le train - Dialogue (Pas de billet)

Votre billet, s'il vous plaît.	tazāker men faḍlak تذاكر من فضلك
Je n'ai pas de billet.	ma'andīʃ tazzkara ما عنديش تذكرة
J'ai perdu mon billet.	tazzkarty ḍā'et تذكرتي ضاعت
J'ai oublié mon billet à la maison.	nesīt tazkarty fel beyt نسيت تذكرتي في البيت
Vous pouvez m'acheter un billet.	momken teʃtery menny tazkara ممكن تشتري مني تذكرة
Vous devrez aussi payer une amende.	lāzem teddfa' ɣarāma kaman لازم تدفع غرامة كمان
D'accord.	tamām تمام
Où allez-vous?	enta rāyeḥ feyn? إنت رايح فين؟
Je vais à …	ana rāyeḥ le... أنا رايح لـ...
Combien? Je ne comprend pas.	bekām? aṇa meʃ fāhem بكام؟ أنا مش فاهم
Pouvez-vous l'écrire, s'il vous plaît.	ektebha laww samaḥt إكتبها لو سمحت
D'accord. Puis-je payer avec la carte?	tamām. momken addfa' be kredit kard? تمام. ممكن أدفع بكريدت كارد؟
Oui, bien sûr.	aywā momken أيوة ممكن
Voici votre reçu.	ettfaḍdal el īṣāl أتفضل الإيصال
Désolé pour l'amende.	'āssef beχeṣūṣ el ɣarāma آسف بخصوص الغرامة
Ça va. C'est de ma faute.	mafīʃ moʃkela. di ɣalṭety ما فيش مشكلة. دي غلطتي
Bon voyage.	esstammte' be reḥlatek استمتع برحلتك

Taxi

taxi	taksi
	تاكسي
chauffeur de taxi	sawwā' el taksi
	سواق التاكسي
prendre un taxi	'āχod taksi
	آخد تاكسي
arrêt de taxi	maw'af taksi
	موقف تاكسي
Où puis-je trouver un taxi?	meneyn āχod taksi?
	منين آخد تاكسي؟
appeler un taxi	an taṭṭlob taksi
	أن تطلب تاكسي
Il me faut un taxi.	aḥtāg taksi
	أحتاج تاكسي
maintenant	al'āan
	الآن
Quelle est votre adresse?	ma howa 'ennwānak?
	ما هو عنوانك؟
Mon adresse est ...	'ennwāny fi ...
	عنواني في ...
Votre destination?	ettegāhak?
	إتجاهك؟
Excusez-moi, ...	ba'd ezznak, ...
	بعد إذنك، ...
Vous êtes libre ?	enta fāḍy?
	إنت فاضي؟
Combien ça coûte pour aller à ...?	bekām arūḥ...?
	بكام أروح...؟
Vous savez où ça se trouve?	te'raf hiya feyn?
	تعرف هي فين؟
À l'aéroport, s'il vous plaît.	el maṭār men faḍlak
	المطار من فضلك
Arrêtez ici, s'il vous plaît.	wa'eff hena, laww samaḥt
	وقف هنا، لو سمحت
Ce n'est pas ici.	meʃ hena
	مش هنا
C'est la mauvaise adresse.	da 'enwān ɣalat
	دة عنوان غلط
tournez à gauche	oddχol ʃemal
	ادخل شمال
tournez à droite	oddχol yemīn
	ادخل يمين

Combien je vous dois?	'layī līk ķām? عليّ لك كام؟
J'aimerais avoir un reçu, s'il vous plaît.	'āyez īṣāl men faḍlak. عايز إيصال، من فضلك.
Gardez la monnaie.	xally el bā'y خللي الباقي

Attendez-moi, s'il vous plaît ...	momken tesstannāny laww samaḥt? ممكن تستناني لو سمحت؟
cinq minutes	xamas daqā'eq خمس دقائق
dix minutes	'aʃar daqā'eq عشر دقائق
quinze minutes	rob' sā'a ربع ساعة
vingt minutes	telt sā'a تلت ساعة
une demi-heure	noṣṣ sā'a نص ساعة

Hôtel

Bonjour.

ahlan
أهلا

Je m'appelle …

essmy …
إسمي …

J'ai réservé une chambre.

'andy ḥaggz
عندي حجز

Je voudrais …

mehtāg …
محتاج …

une chambre simple

yorfa moffrada
غرفة مفردة

une chambre double

yorfa mozzdawwaga
غرفة مزدوجة

C'est combien?

se'raha kām?
سعرها كام؟

C'est un peu cher.

di ɣalya ʃewaya
دي غالية شوية

Avez-vous autre chose?

'andak ҳayarāt tanya?
عندك خيارات تانية؟

Je vais la prendre.

haҳod-ha
ح أخدها

Je vais payer comptant.

ḥaddfa' naqqdy
ح أدفع نقدي

J'ai un problème.

ana 'andy moʃkela
أنا عندي مشكلة

Mon … est cassé /Ma … est cassée/

… maksūr
مكسور…

Mon /Ma/ … ne fonctionne pas.

… 'aṭlān /'aṭlāna/
/عطلان /عطلانة…

télé

el televizyōn
التليفزيون

air conditionné

el takyīf
التكييف

robinet

el ḥanafiya (~ 'aṭlāna)
الحنفية

douche

el doʃ
الدش

évier

el banyo
البانيو

coffre-fort

el ҳāzena (~ 'aṭlāna)
الخازنة

serrure de porte	'effl el bāb
	قفل الباب
prise électrique	maxrag el kahraba
	مخرج الكهربا
sèche-cheveux	mogaffef el ʃaʿr
	مجفف الشعر

Je n'ai pas ...	maʿandīʃ ...
	ما عنديش ...
d'eau	maya
	مية
de lumière	nūr
	نور
d'électricité	kahraba
	كهربا

Pouvez-vous me donner ...?	momken teddīny ...?
	ممكن تديني ...؟
une serviette	fūṭa
	فوطة
une couverture	baṭṭaneya
	بطانية
des pantoufles	ʃebʃeb
	شبشب
une robe de chambre	robe
	روب
du shampoing	ʃambū
	شامبو
du savon	ṣabūn
	صابون

Je voudrais changer ma chambre.	aḥebb aɣɑyar el oḍa
	أحب أغير الأوضة
Je ne trouve pas ma clé.	meʃ lāʾy meftāḥy
	مش لاقي مفتاحي
Pourriez-vous ouvrir ma chambre, s'il vous plaît?	momken tefftaḥ oḍḍty men faḍlak?
	ممكن تفتح أوضتي من فضلك؟
Qui est là?	meyn henāk?
	مين هناك؟
Entrez!	ettfaḍḍal!
	إتفضل!
Une minute!	daqīqa wāḥeda!
	دقيقة واحدة!
Pas maintenant, s'il vous plaît.	meʃ dellwaʾty men faḍlak
	مش دلوقتي من فضلك

Pouvez-vous venir à ma chambre, s'il vous plaît.	taʿāla oḍḍty laww samaḥt
	تعالى أوضتي لو سمحت
J'aimerais avoir le service d'étage.	ʿāyez talab men xeddmet el wagabāt
	عايز طلب من خدمة الوجبات
Mon numéro de chambre est le ...	raqam oḍḍty howa ...
	رقم أوضتي هو ...

Je pars ...	ana mãʃy ... أنا ماشي ...
Nous partons ...	eḥna maʃyīn ... إحنا ماشيين ...
maintenant	dellwaʾty دلوقتي
cet après-midi	baʿd el ẓohr بعد الظهر
ce soir	el leyla di الليلة دي
demain	bokra بكرة
demain matin	bokra el ṣobh بكرة الصبح
demain après-midi	bokra bel leyl بكرة بالليل
après-demain	baʿd bokra بعد بكرة

Je voudrais régler mon compte.	aḥebb adfaʿ أحب أدفع
Tout était merveilleux.	kol ʃeyʾ kan rãʾeʿ كل شيء كان رائع
Où puis-je trouver un taxi?	feyn momken alãʾy taksi? فين ممكن ألاقي تاكسي؟
Pourriez-vous m'appeler un taxi, s'il vous plaît?	momken toṭṭlob lī taksi laww samaḥt? ممكن تطلب لي تاكسي لو سمحت؟

Restaurant

Puis-je voir le menu, s'il vous plaît?

momken aʃūf qā'ema el ṭa'ām
men faḍlak?
ممكن أشوف قائمة الطعام من فضلك؟

Une table pour une personne.

tarabeyza le ʃaxṣ wāḥed
ترابيزة لشخص واحد

Nous sommes deux (trois, quatre).

ehnạ etneyn (talāta, arba'a)
إحنا اتنين (ثلاثة، أربعة)

Fumeurs

modaxenīn
مدخنين

Non-fumeurs

ɣeyr moddaxenīn
غير مدخنين

S'il vous plaît!

laww samaḥt
لو سمحت

menu

qā'emat el ṭa'ām
قائمة الطعام

carte des vins

qā'emat el nebīz
قائمة النبيذ

Le menu, s'il vous plaît.

el qā'ema, laww samaḥt
القائمة، لو سمحت

Êtes-vous prêts à commander?

mossta'ed toṭṭlob?
مستعد تطلب؟

Qu'allez-vous prendre?

haṭāxod eh?
ح تاخد إيه؟

Je vais prendre ...

ana hāxod ...
أنا ح أخد ...

Je suis végétarien.

ana nạbāty
أنا نباتي

viande

laḥma
لحم

poisson

samakk
سمك

légumes

xoḍār
خضار

Avez-vous des plats végétariens?

'andak aṭṭbāq nabātiya?
عندك أطباق نباتية؟

Je ne mange pas de porc.

lā 'āakol el xanzīr
لا أكل الخنزير

Il /elle/ ne mange pas de viande.

howwa /hiya/ la tākol el laḥm
هو/هي/ لا تأكل اللحم

Je suis allergique à ...

'andy ḥasasseya men ...
عندي حساسية من ...

Pourriez-vous m'apporter ...,
s'il vous plaît.

momken tegīb lī ...
ممكن تجيب لي...

le sel | le poivre | du sucre

melḥ | felfel | sokkar
سكر ا فلفل ا ملح

un café | un thé | un dessert

'ahwa | ʃāy | ḥelw
حلو ا شاي ا قهوة

de l'eau | gazeuse | plate

meyāh | ɣaziya | 'adiya
عادية ا غازية ا مياه

une cuillère | une fourchette | un couteau

ma'la'a | ʃowka | sekkīna
سكينة ا شوكة ا ملعقة

une assiette | une serviette

ṭabaq | fūṭa
فوطةا طبق

Bon appétit!

bel hana wel ʃefa
بالهنا والشفا

Un de plus, s'il vous plaît.

waḥda kamān laww samaḥt
واحدة كمان لو سمحت

C'était délicieux.

kanet lazīza geddan
كانت لذيذة جدا

---

l'addition | de la monnaie | le pourboire

ʃīk | fakka | ba'ʃīʃ
بقشيشا فكةا شيك

L'addition, s'il vous plaît.

momken el ḥesāb laww samaḥt?
ممكن الحساب لو سمحت؟

Puis-je payer avec la carte?

momken addfa' ße kart e'temān?
ممكن أدفع بكارت إئتمان؟

Excusez-moi, je crois qu'il y a une
erreur ici.

ana 'āssif, feyh ɣalṭa hena
أنا آسف، في غلطة هنا

Shopping. Faire les Magasins

Est-ce que je peux vous aider?	momken asaʿdak? ممكن أساعدك؟
Avez-vous ... ?	ya tara ʿandak ...? يا ترى عندك ...؟
Je cherche ...	ana badawwar ʿla ... أنا بادور على ...
Il me faut ...	mehtāg ... محتاج ...

Je regarde seulement, merci.	ana battfarrag أنا باتفرج
Nous regardons seulement, merci.	ehna benettfarrag إحنا بنتفرج
Je reviendrai plus tard.	hāgy baʿdeyn ح أجي بعدين
On reviendra plus tard.	haneygy baʿdeyn ح نجي بعدين
Rabais	Soldes	taxfīdāt	okazyōŋ أوكازيون تخفيضات

Montrez-moi, s'il vous plaît ...	momken tewarrīny ... laww samaht? ممكن توريني ... لو سمحت؟
Donnez-moi, s'il vous plaît ...	momken teddīny ... laww samaht ممكن تديني ... لو سمحت
Est-ce que je peux l'essayer?	momken aʿīs? ممكن أقيس؟
Excusez-moi, où est la cabine d'essayage?	laww samaht, feyn el brova? لو سمحت، فين البروفا؟
Quelle couleur aimeriez-vous?	ʿāyez ayī lone? عايز أي لون؟
taille	longueur	maqās	tūl طول	مقاس
Est-ce que la taille convient ?	ya tara el maqās mazbūt? يا ترى المقاس مضبوط؟

Combien ça coûte?	bekām? بكام؟
C'est trop cher.	da ɣāly geddan دة غالي جدا
Je vais le prendre.	haʃtereyh ح أشتريه
Excusez-moi, où est la caisse?	baʿd ezznak, addfaʿ feyn laww samaht? بعد إذنك، أدفع فين لو سمحت؟

Payerez-vous comptant ou par carte de crédit?	hateddfa' naqqdan walla be kart e'temān? ح تدفع نقدا ولا بكارت إئتمان؟
Comptant | par carte de crédit	naqdan | be kart e'temān بكارت إئتمان | نقدا

Voulez-vous un reçu?	'āyez īṣāl? عايز إيصال؟
Oui, s'il vous plaît.	aywā, men faḍlak أيوة، من فضلك
Non, ce n'est pas nécessaire.	lā, mafīʃ moʃkela لا، ما فيش مشكلة
Merci. Bonne journée!	ʃokran. yome saʿīd شكرا. يوم سعيد

En ville

Excusez-moi, ...	ba'd ezznak, laww samaḥt
	بعد إذنك، لو سمحت
Je cherche ...	ana badawwar 'la ...
	أنا بادور على ...
le métro	metro el anfā'
	مترو الأنفاق
mon hôtel	el fondo' betā'i
	الفندق بتاعي
le cinéma	el sinema
	السينما
un arrêt de taxi	maw'af taksi
	موقف تاكسي
un distributeur	makīnet ṣarraf 'āaly
	ماكينة صراف آلي
un bureau de change	maktab ṣarrafa
	مكتب صرافة
un café internet	maqha internet
	مقهى انترنت
la rue ...	ʃāre'...
	... شارع
cette place-ci	el makān da
	المكان دة
Savez-vous où se trouve ...?	hal te'raf feyn ...?
	هل تعرف فين ...؟
Quelle est cette rue?	essmu eyh el ʃāre' da?
	اسمه إيه الشارع دة؟
Montrez-moi où sommes-nous, s'il vous plaît.	momken tewarrīny ehna feyn dellwa'ty?
	ممكن توريني إحنا فين دلوقتي؟
Est-ce que je peux y aller à pied?	momken awṣal henāk māʃy?
	ممكن أوصل هناك ماشي؟
Avez-vous une carte de la ville?	'andak χarīṭa lel madīna?
	عندك خريطة للمدينة؟
C'est combien pour un ticket?	bekām tazkaret el doχūl?
	بكام تذكرة الدخول؟
Est-ce que je peux faire des photos?	momken aṣuwwar hena?
	ممكن أصور هنا؟
Êtes-vous ouvert?	entom fatt-ḥīn?
	إنتم فاتحين؟

À quelle heure ouvrez-vous?

emta betefftaḥu?
إمتى بتفتحوا؟

À quelle heure fermez-vous?

emta bete'ffelu?
إمتى بتقفلوا؟

L'argent

argent	folūss
	فلوس
argent liquide	naqdy
	نقدي
des billets	folūss waraqiya
	فلوس ورقية
petite monnaie	fakka
	فكة
l'addition | de la monnaie | le pourboire	ʃīk | fakka | ba'ʃīʃ
	بقشيش| فكة| شيك

carte de crédit	kart e'temān
	كارت إئتمان
portefeuille	maḥfaza
	محفظة
acheter	ʃerā'
	شراء
payer	daf'
	دفع
amende	ɣarāma
	غرامة
gratuit	maggānan
	مجانا

Où puis-je acheter … ?	feyn momken aʃtery …?
	فين ممكن أشتري ...؟
Est-ce que la banque est ouverte en ce moment?	hal el bank fāteh dellwa'ty
	هل البنك فاتح دلوقتي؟
À quelle heure ouvre-t-elle?	emta betefftah?
	إمتى بيفتح؟
À quelle heure ferme-t-elle?	emta beye'ffel?
	إمتى بيقفل؟

C'est combien?	bekām?
	بكام؟
Combien ça coûte?	bekām da?
	بكام دة؟
C'est trop cher.	da ɣāly geddan
	دة غالي جدا

Excusez-moi, où est la caisse?	ba'd ezznak, addfa' feyn laww samaḥt?
	بعد إذنك، أدفع فين لو سمحت؟
L'addition, s'il vous plaît.	el ḥesāb men faḍlak
	الحساب من فضلك

Puis-je payer avec la carte?	momken addfa' be kart e'temān? ممكن أدفع بكارت إئتمان؟
Est-ce qu'il y a un distributeur ici?	feyh hena makīnet ṣarraf 'āaly? فيه هنا ماكينة صراف آلي؟
Je cherche un distributeur.	baddawwar 'la makīnet ṣarraf 'ālly بادور على ماكينة صراف آلي

Je cherche un bureau de change.	baddawwar 'la maktab ṣarrāfa بادور على مكتب صرافة
Je voudrais changer ...	'āyez aɣayar ... عايز أغير ...
Quel est le taux de change?	se'r el 'omla kām? سعر العملة كام؟
Avez-vous besoin de mon passeport?	enta meḥtāg gawāz safary? إنت محتاج جواز سفري؟

Le temps

Quelle heure est-il?	el sā'a kām? الساعة كام؟
Quand?	emta? إمتى؟
À quelle heure?	fi ayī sā'a? في أي ساعة؟
maintenant | plus tard | après ...	dellwa'ty | ba'deyn | ba'd ... ... بعد ا بعدين ا دلوقتي
une heure	el sā'a waḥda الساعة واحدة
une heure et quart	el sā'a waḥda we rob' الساعة واحدة وربع
une heure et demie	el sā'a waḥda we noṣṣ الساعة واحدة ونص
deux heures moins quart	el sā'a etneyn ellā rob' الساعة إثنين إلا ربع
un | deux | trois	waḥda | etneyn | talāta تلاتة اثنين ا واحدة
quatre | cinq | six	arba'a | xamsa | setta ستة اخمسة الأربعة
sept | huit | neuf	sabb'a | tamanya | tess'a تسعة ا تمانية ا سبعة
dix | onze | douze	'aʃra | ḥedāʃar | etnāʃar أتناشر ا حداشر ا عشرة
dans ...	fi ... ... في
cinq minutes	xamas daqā'eq خمس دقائق
dix minutes	'aʃar daqā'eq عشر دقائق
quinze minutes	rob' sā'a ربع ساعة
vingt minutes	telt sā'a تلت ساعة
une demi-heure	noṣṣ sā'a نص ساعة
une heure	sā'a ساعة

dans la matinée	el sobh
	الصبح
tôt le matin	el sobh badri
	الصبح بدري
ce matin	el naharda el sobh
	النهاردة الصبح
demain matin	bokra el sobh
	بكرة الصبح

à midi	fi noss el yome
	في نص اليوم
dans l'après-midi	ba'd el zohr
	بعد الظهر
dans la soirée	bel leyl
	بالليل
ce soir	el leyla di
	الليلة دي

la nuit	bel leyl
	بالليل
hier	emmbāreh
	إمبارح
aujourd'hui	el naharda
	النهاردة
demain	bokra
	بكرة
après-demain	ba'd bokra
	بعد بكرة

Quel jour sommes-nous aujourd'hui?	el naharda eyh fel ayām?
	النهاردة إيه في الأيام؟
Nous sommes ...	el naharda ...
	النهاردة ...
lundi	el etneyn
	الإتنين
mardi	el talāt
	التلات
mercredi	el 'arba'
	الأربع

jeudi	el χamīs
	الخميس
vendredi	el gumu'ā
	الجمعة
samedi	el sabt
	السبت
dimanche	el hadd
	الحد

Salutations - Introductions

Bonjour.
ahlan
أهلا

Enchanté /Enchantée/
saīd be leqā'ak
سعيد بلقائك

Moi aussi.
ana ass'ad
أنا أسعد

Je voudrais vous présenter ...
a'arrafak be ...
أعرفك بـ ...

Ravi /Ravie/ de vous rencontrer.
forṣa saīda
فرصة سعيدة

Comment allez-vous?
ezzayak?
إزيك؟

Je m'appelle ...
esmy ...
أسمي ...

Il s'appelle ...
essmu ...
إسمه ...

Elle s'appelle ...
essmaha ...
إسمها ...

Comment vous appelez-vous?
essmak eyh?
إسمك إيه؟

Quel est son nom?
essmu eyh?
إسمه إيه؟

Quel est son nom?
essmaha eyh?
إسمها إيه؟

Quel est votre nom de famille?
essm 'ā'eltak eyh?
إسم عائلتك إيه؟

Vous pouvez m'appeler ...
te'ddar tenadīny be...
تقدر تناديني بـ...

D'où êtes-vous?
enta meneyn?
إنت منين؟

Je suis de ...
ana men ...
أنا من ...

Qu'est-ce que vous faites dans la vie?
beteſtaɣal eh?
بتشتغل إيه؟

Qui est-ce?
meyn da
مين دة

Qui est-il?
meyn howwa?
مين هو؟

Qui est-elle?
meyn hiya?
مين هي؟

Qui sont-ils?
meyn homm?
مين هم؟

C'est ...	da yeb'ā ... دة يبقى ...
mon ami	ṣadīqy صديقي
mon amie	ṣadīqaty صديقتي
mon mari	gouzy جوزي
ma femme	merāty مراتي
mon père	waldy والدي
ma mère	waldety والدتي
mon frère	aχūya أخويا
mon fils	ebny إبني
ma fille	bennty بنتي
C'est notre fils.	da ebnena دة إبننا
C'est notre fille.	di benntena دي بنتننا
Ce sont mes enfants.	dole awwlādy دول أولادي
Ce sont nos enfants.	dole awwladna دول أولادنا

Les adieux

Au revoir!	ella alliqā' إلى اللقاء
Salut!	salām سلام
À demain.	aʃūfak bokra أشوفك بكرة
À bientôt.	aʃūfak orayeb أشوفك قريب
On se revoit à sept heures.	aʃūfak el sā'a sab'a أشوفك الساعة سبعة

Amusez-vous bien!	esstammte'! !إستمتع
On se voit plus tard.	netkallem ba'deyn نتكلم بعدين
Bonne fin de semaine.	'oṭṭlet osbū' sa'īda عطلة أسبوع سعيدة
Bonne nuit.	teṣṣbaḥ 'la xeyr تصبح على خير

Il est l'heure que je parte.	gā' waqt el zehāb جاء وقت الذهاب
Je dois m'en aller.	lāzem amʃy لازم أمشي
Je reviens tout de suite.	ḥarga' 'la ṭūl ح أرجع على طول

Il est tard.	el waqt mett'axar الوقت متأخر
Je dois me lever tôt.	lāzem aṣṣ-ḥa badry لازم أصحى بدري
Je pars demain.	ana māʃy bokra أنا ماشي بكرة
Nous partons demain.	eḥḥna maʃyīn bokra إحنا ماشيين بكرة

Bon voyage!	reḥla sa'īda! !رحلة سعيدة
Enchanté de faire votre connaissance.	forṣa sa'īda فرصة سعيدة
Heureux /Heureuse/ d'avoir parlé avec vous.	sa'eddt bel kalām ma'ak سعدت بالكلام معك
Merci pour tout.	ʃokran 'la koll ʃey' شكرا على كل شيء

Je me suis vraiment amusé /amusée/	ana qaddayt waqt saʿīd أنا قضيت وقت سعيد
Nous nous sommes vraiment amusés /amusées/	eḥna ʾaddeyna waʾt saʿīd إحنا قضينا وقت سعيد
C'était vraiment plaisant.	kan bel feʾl rāʾeʿ كان بالفعل رائع
Vous allez me manquer.	hatewwḥaʃīny ح توحشني
Vous allez nous manquer.	hatewwḥaʃna ح توحشنا

Bonne chance!	ḥazz saʿīd! حظ سعيد!
Mes salutations à ...	taḥīāty le... تحياتي لـ...

Une langue étrangère

Je ne comprends pas.	ana meʃ fāhem أنا مش فاهم
Écrivez-le, s'il vous plaît.	ektebha laww samaḥt إكتبها لو سمحت
Parlez-vous ...?	enta betettkalem ...? انت بتتكلم ...؟

Je parle un peu ...	ana battkallem ʃewaya ... أنا بأتكلم شوية ...
anglais	engilīzy أنجليزي
turc	torky تركي
arabe	ʿaraby عربي
français	faransāwy فرنساوي

allemand	almāny ألماني
italien	iṭāly إيطالي
espagnol	asbāny أسباني
portugais	bortoɣāly برتغالي
chinois	ṣīny صيني
japonais	yabāny ياباني

Pouvez-vous le répéter, s'il vous plaît.	momken teʿīd el kalām men faḍlak? ممكن تعيد الكلام من فضلك؟
Je comprends.	ana fāhem انا فاهم
Je ne comprends pas.	ana meʃ fāhem انا مش فاهم
Parlez plus lentement, s'il vous plaît.	momken tetkallem abṭaʾ laww samaḥt? ممكن تتكلم ابطأ لو سمحت؟

Est-ce que c'est correct?	keda ṣaḥḥ? كدة صح؟
Qu'est-ce que c'est?	eh da? إيه دة؟

Les excuses

Excusez-moi, s'il vous plaît.	ba'd ezznak, laww samaht بعد إذنك، لو سمحت
Je suis désolé /désolée/	ana 'āssif أنا آسف
Je suis vraiment /désolée/	ana 'āssif beggad أنا آسف بجد
Désolé /Désolée/, c'est ma faute.	ana 'āssif, di ɣalteti أنا آسف، دي غلطتي
Au temps pour moi.	ɣalteti غلطتي

Puis-je ... ?	momken ...? ممكن ...؟
Ça vous dérange si je ...?	teddāyi' laww ...? تتضايق لو ...؟
Ce n'est pas grave.	mafiʃ moʃkela ما فيش مشكلة
Ça va.	kollo tamām كله تمام
Ne vous inquiétez pas.	mate'la'ʃ ما تقلقش

Les accords

Oui	aywā أيوة
Oui, bien sûr.	aywa, akīd ايوة، أكيد
Bien.	tamām تمام
Très bien.	kowayīs geddan كويس جدا
Bien sûr!	bekol ta'kīd! !بكل تأكيد
Je suis d'accord.	mewāfe' موافق
C'est correct.	da ṣaḥīḥ دة صحيح
C'est exact.	da ṣaḥḥ دة صح
Vous avez raison.	kalāmak ṣaḥḥ كلامك صح
Je ne suis pas contre.	ma'andīʃ māne' ما عنديش مانع
Tout à fait correct.	ṣaḥḥ tamāman صح تماماً
C'est possible.	momken ممكن
C'est une bonne idée.	di fekra kewayīsa دي فكرة كويسة
Je ne peux pas dire non.	ma'darʃ a'ūl la' ما أقدرش أقول لأ
J'en serai ravi /ravie/	bekol sorūr حكون سعيد
Avec plaisir.	bekol sorūr بكل سرور

Refus, exprimer le doute

Non	la'a لأ
Absolument pas.	akīd la' أكيد لأ
Je ne suis pas d'accord.	meʃ mewāfe' مش موافق
Je ne le crois pas.	ma 'azzonneʃ keda ما أظنش كدة
Ce n'est pas vrai.	da meʃ saḥīḥ دة مش صحيح

| Vous avez tort. | enta ɣalṭān
إنت غلطان |
| Je pense que vous avez tort. | azonn ennak ɣalṭān
أظن إنك غلطان |

Je ne suis pas sûr /sûre/	meʃ akīd مش أكيد
C'est impossible.	da mos-taḥīl دة مستحيل
Pas du tout!	mafīʃ ḥāga keda! ما فيش حاجة كدة!

| Au contraire! | el 'akss tamāman
العكس تماما |
| Je suis contre. | ana dedd da
أنا ضد دة |

Ça m'est égal.	ma yehemmenīʃ ما يهمنيش
Je n'ai aucune idée.	ma'andīʃ fekra ما عنديش فكرة
Je doute que cela soit ainsi.	aʃokk fe da أشك في دة

| Désolé /Désolée/, je ne peux pas. | 'āssef ma 'qdarʃ
آسف، ما أقدرش |
| Désolé /Désolée/, je ne veux pas. | 'āssef meʃ 'ayez
آسف، مش عايز |

| Merci, mais ça ne m'intéresse pas. | ʃokran, bass ana meʃ meḥtāg loh
شكرا، بس أنا مش محتاج له |
| Il se fait tard. | el waqt mett'aχar
الوقت متأخر |

Je dois me lever tôt.

lāzem aşş-ha badry
لازم أصحى بدري

Je ne me sens pas bien.

ana ta'bān
أنا تعبان

Exprimer la gratitude

Merci.	ʃokran
	شكرا
Merci beaucoup.	ʃokran gazīlan
	شكرا جزيلا
Je l'apprécie beaucoup.	ana ha'i'i me'aḍḍar da
	أنا حقيقي مقدر دة
Je vous suis très reconnaissant.	ana mommtaṇn līk geddan
	أنا ممتن لك جدا
Nous vous sommes très reconnaissant.	eḥna mommtannīn līk geddan
	إحنا ممتنين لك جدا

Merci pour votre temps.	ʃokran 'la wa'tak
	شكرا على وقتك
Merci pour tout.	ʃokran 'la koll ʃey'
	شكرا على كل شيء
Merci pour ...	ʃokran 'la ...
	شكرا على ...
votre aide	mosa'detak
	مساعدتك
les bons moments passés	el waqt
	الوقت اللطيف

un repas merveilleux	wagba rã'e'a
	وجبة رائعة
cette agréable soirée	amsiya mummte'a
	أمسية ممتعة
cette merveilleuse journée	yome rã'e'
	يوم رائع
une excursion extraordinaire	rehla mod-heʃa
	رحلة مدهشة

Il n'y a pas de quoi.	lã ʃokr 'la wãgeb
	لا شكر على واجب
Vous êtes les bienvenus.	el 'afw
	العفو
Mon plaisir.	ayī waqt
	أي وقت
J'ai été heureux /heureuse/ de vous aider.	bekol sorūr
	بكل سرور
Ça va. N'y pensez plus.	ennsa
	إنسى
Ne vous inquiétez pas.	mate'la'ʃ
	ما تقلقش

Félicitations. Vœux de fête

Félicitations!	ohannīk! أهنيك!
Joyeux anniversaire!	ʕīd milād saʕīd! عيد ميلاد سعيد!
Joyeux Noël!	ʕīd milād saʕīd! عيد ميلاد سعيد!
Bonne Année!	sana gedīda saʕīda! سنة جديدة سعيدة!

| Joyeuses Pâques! | ʃamm nessīm saʕīd!
شم نسيم سعيد! |
| Joyeux Hanoukka! | hanūka saʕīda!
هانوكا سعيدة! |

Je voudrais proposer un toast.	ahebb aqtareh neʃrab naχab أحب أقترح نشرب نخب
Santé!	fi sehhettak في صحتك
Buvons à …!	yalla neʃrab fe …! يالا نشرب في …!
À notre succès!	nagāhna نجاحنا
À votre succès!	nagāhak نجاحك

Bonne chance!	hazz saʕīd! حظ سعيد!
Bonne journée!	nahārak saʕīd! نهارك سعيد!
Passez de bonnes vacances !	agāza tayeba! أجازة طيبة!
Bon voyage!	trūh bel salāma! اتروح بالسلامة!
Rétablissez-vous vite.	atmanna ennak tataʕāfa besorʕa! أتمنى إنك تتعافى بسرعة!

Socialiser

Pourquoi êtes-vous si triste?

enta leyh za'lān?

إنت ليه زعلان؟

Souriez!

ebbtassem! farrfeʃ!

افرفش! إبتسم!

Êtes-vous libre ce soir?

enta fādy el leyla di?

إنت فاضي الليلة دي؟

Puis-je vous offrir un verre?

momken a'zemak 'la maʃrūb?

ممكن أعزمك على مشروب؟

Voulez-vous danser?

tehebb torr'oṣṣ?

تحب ترقص؟

Et si on va au cinéma?

yalla nerūh el sinema

ياللا نروح السينما

Puis-je vous inviter ...

momken a'zemak 'la ...?

ممكن أعزمك على ...؟

au restaurant

matṭ'am

مطعم

au cinéma

el sinema

السينما

au théâtre

el masrah

المسرح

pour une promenade

tamʃeya

تمشية

À quelle heure?

fi ayī sā'a?

في أي ساعة؟

ce soir

el leyla di

الليلة دي

à six heures

el sā'a setta

الساعة ستة

à sept heures

el sā'a sab'a

الساعة سبعة

à huit heures

el sā'a tamanya

الساعة تمانية

à neuf heures

el sā'a tess'a

الساعة تسعة

Est-ce que vous aimez cet endroit?

ya tara 'agbak el makān?

يا ترى عاجبك المكان؟

Êtes-vous ici avec quelqu'un?

enta hena ma' ḥadd?

إنت هنا مع حد؟

Je suis avec mon ami.

ana ma' ṣadīq

أنا مع صديق

Je suis avec mes amis.	ana ma' aṣṣdiqā' أنا مع أصدقاء
Non, je suis seul /seule/	lā, ana waḥḥdy لا، أنا وحدي

As-tu un copain?	hal 'andak ṣadīq? هل عندك صديق؟
J'ai un copain.	ana 'andy ṣadīq أنا عندي صديق
As-tu une copine?	hal 'andak ṣadīqa? هل عندك صديقة؟
J'ai une copine.	ana 'andy ṣadīqa أنا عندي صديقة

Est-ce que je peux te revoir?	a'dar aʃūfak tāny? أقدر أشوفك تاني؟
Est-ce que je peux t'appeler?	a'dar atteṣel bīk? أقدر أتصل بك؟
Appelle-moi.	ettaṣṣel bī إتصل بي
Quel est ton numéro?	eh raqamek? إيه رقمك؟
Tu me manques.	wahaʃtīny وحشتني

Vous avez un très beau nom.	essmek gamīl إسمك جميل
Je t'aime.	oheþbek أحبك
Veux-tu te marier avec moi?	tettgawwezīny? تتجوزيني؟
Vous plaisantez!	enta bett-hazzar! إنت بتهزر!
Je plaisante.	ana bahazzar bas أنا باهزر بس

Êtes-vous sérieux /sérieuse/?	enta bettettkallem gad? إنت بتتكلم جد؟
Je suis sérieux /sérieuse/	ana gād أنا جاد
Vraiment?!	ṣahīh? صحيح؟
C'est incroyable!	meʃ ma''ūl! مش معقول!
Je ne vous crois pas.	ana meʃ meṣṣad'āk أنا مش مصدقاك
Je ne peux pas.	ma'darʃ ما أقدرش
Je ne sais pas.	ma'raʃʃ ما أعرفش
Je ne vous comprends pas	meʃ fahmāk مش فاهماك

Laissez-moi! Allez-vous-en!	men fadlak temʃy
	من فضلك تمشي
Laissez-moi tranquille!	sebbny lewaḥḥdy!
	سيبني لوحدي!

Je ne le supporte pas.	ana ḷā atīqo
	أنا لا أطيقه
Vous êtes dégoûtant!	enta mo'reff
	إنت مقرف
Je vais appeler la police!	ḥattlob el ʃorta
	ح أطلب الشرطة

Partager des impressions. Émotions

J'aime ça.	ye'gebny
	يعجبني
C'est gentil.	laṭīf geddan
	لطيف جدا
C'est super!	da rā'e'
	دة رائع
C'est assez bien.	da meʃ saye'
	دة مش سيء

Je n'aime pas ça.	meʃ 'agebny
	مش عاجبني
Ce n'est pas bien.	meʃ kowayīs
	مش كويس
C'est mauvais.	da saye'
	دة سيء
Ce n'est pas bien du tout.	da saye' geddan
	دة سيء جدا
C'est dégoûtant.	da mo'rreff
	دة مقرف

Je suis content /contente/	ana saʿīd
	أنا سعيد
Je suis heureux /heureuse/	ana mabsūṭ
	أنا مبسوط
Je suis amoureux /amoureuse/	ana baḥebb
	أنا باحب
Je suis calme.	ana hāḍy
	أنا هادي
Je m'ennuie.	ana zaḥ'ān
	أنا زهقان

Je suis fatigué /fatiguée/	ana taʿbān
	أنا تعبان
Je suis triste.	ana ḥaẓīn
	أنا حزين
J'ai peur.	ana χāyef
	أنا خايف

Je suis fâché /fâchée/	ana ɣaḍbān
	أنا غضبان
Je suis inquiet /inquiète/	ana qalqān
	أنا قلقان
Je suis nerveux /nerveuse/	ana muṭawwatter
	أنا متوتر

Je suis jaloux /jalouse/   ana γayrān
أنا غيران

Je suis surpris /surprise/   ana mutafāge'
أنا متفاجئ

Je suis gêné /gênée/   ana morrtabek
أنا مرتبك

Problèmes. Accidents

J'ai un problème.	ana 'andy moʃkela أنا عندي مشكلة
Nous avons un problème.	ehna 'andena moʃkela إحنا عندنا مشكلة
Je suis perdu /perdue/	ana tãʒeh أنا تايه
J'ai manqué le dernier bus (train).	fãtny 'ãaχer otobiis فاتني آخر أوتوبيس
Je n'ai plus d'argent.	meʃ fãḍel ma'aya flũss مش فاضل معايا فلوس

J'ai perdu mon ...	ḍã' menny ... betã'y ضاع مني ... بتاعي
On m'a volé mon ...	ḥadd sara' ... betã'y حد سرق ... بتاعي

passeport	bassbore باسبور
portefeuille	maḥfaza محفظة
papiers	awwarã' أوراق
billet	tazzkara تذكرة

argent	folũss فلوس
sac à main	ʃannṭa شنطة
appareil photo	kamera كاميرا
portable	lab tob لاب توب
ma tablette	tablet تابلت
mobile	telefon maḥmũl تليفون محمول

Au secours!	sã'dny! ساعدني!
Qu'est-il arrivé?	eh elly ḥaṣal? إيه إللي حصل؟
un incendie	harĩqa حريقة

des coups de feu	ḍarrb nār
	ضرب نار
un meurtre	qattl
	قتل
une explosion	ennfegār
	إنفجار
une bagarre	xenā'a
	خناقة

Appelez la police!	ettaṣel bel ʃorṭa!
	!اتصل بالشرطة
Dépêchez-vous, s'il vous plaît!	besor'a men faḍlak!
	!إبسرعة من فضلك
Je cherche le commissariat de police.	baddawwar 'la qessm el ʃorṭa
	بادور على قسم الشرطة
Il me faut faire un appel.	meḥtāg a'mel moḳalma telefoneya
	محتاج أعمل مكالمة تليفونية
Puis-je utiliser votre téléphone?	momken asstaxdem telefonak?
	ممكن أستخدم تليفونك؟

J'ai été ...	ana kont ...
	أنا كنت ...
agressé /agressée/	ettnaʃalt
	اتنشلت
volé /volée/	ettsaraqt
	اتسرقت
violée	oxtiṣabt
	اغتصبت
attaqué /attaquée/	ta'arraḍt le e'tedā'
	تعرضت لإعتداء

Est-ce que ça va?	enta bexeyr?
	إنت بخير؟
Avez-vous vu qui c'était?	ya tara ʃoft meyn?
	يا ترى شفت مين؟
Pourriez-vous reconnaître cette personne?	te'ddar tett'arraf 'la el ʃaxṣ da?
	تقدر تتعرف على الشخص دة؟
Vous êtes sûr?	enta muta'kked?
	إنت متأكد؟

Calmez-vous, s'il vous plaît.	argūk ehḍa
	أرجوك إهدا
Calmez-vous!	hawwen 'aleyk!
	!هون عليك
Ne vous inquiétez pas.	mate'la'ʃ!
	!ما تقلقش
Tout ira bien.	kol ʃey' haykūn tamām
	كل شيء ح يكون تمام
Ça va. Tout va bien.	kol ʃey' tamām
	كل شيء تمام
Venez ici, s'il vous plaît.	ta'āla hena laww samaḥt
	تعالى هنا لو سمحت

J'ai des questions à vous poser.	'andy līk as'ela **عندي لك أسئلة**
Attendez un moment, s'il vous plaît.	esstanna laḥza men faḍlak **إستنى لحظة من فضلك**
Avez-vous une carte d'identité?	'andak raqam qawwmy **عندك رقم قومي**
Merci. Vous pouvez partir maintenant.	ʃokran. momken temʃy dellwa'ty **شكرا. ممكن تمشي دلوقتي**
Les mains derrière la tête!	eydeyk wara rāsak! **!إيديك ورا راسك**
Vous êtes arrêté!	enta maqbūḍ 'aleyk! **!إنت مقبوض عليك**

Problèmes de santé

Aidez-moi, s'il vous plaît.	argūk sā'dny أرجوك ساعدني
Je ne me sens pas bien.	ana ta'bān أنا تعبان
Mon mari ne se sent pas bien.	gouzy ta'bān جوزي تعبان
Mon fils ...	ebny ... إبني ...
Mon père ...	waldy ... والدي ...
Ma femme ne se sent pas bien.	merāty ta'bāna مراتي تعابة
Ma fille ...	bennty ... بنتي ...
Ma mère ...	waldety ... والدتي ...
J'ai mal ...	ana 'andy ... أنا عندي ...
à la tête	ṣodā' صداع
à la gorge	eḥtiqān fel zore إحتقان في الزور
à l'estomac	mayaṣṣ مغص
aux dents	alam aṣnān ألم أسنان
J'ai le vertige.	ʃā'er be dawār شاعر بدوار
Il a de la fièvre.	'andak homma عنده حمي
Elle a de la fièvre.	'andaha homma عندها حمي
Je ne peux pas respirer.	meʃ 'āder attnaffess مش قادر أتنفس
J'ai du mal à respirer.	meʃ 'āder attnaffess مش قادر أتنفس
Je suis asthmatique.	ana 'andy azzma أنا عندي أزمة
Je suis diabétique.	ana 'andy el sokkar أنا عندي السكر

Je ne peux pas dormir.	meʃ 'āder anām مش قادر أنام
intoxication alimentaire	tassammom ɣezā'y تسمم غذائي

Ça fait mal ici.	betewwga' hena بتوجع هنا
Aidez-moi!	sā'edny! !ساعدني
Je suis ici!	ana ḥena! !أنا هنا
Nous sommes ici!	eḥna hena! !إحنا هنا
Sortez-moi d'ici!	xarragūny men hena خرجوني من هنا
J'ai besoin d'un docteur.	ana mehtāg ṭabīb أنا محتاج طبيب
Je ne peux pas bouger!	meʃ 'āder at-ḥarrak مش قادر أتحرك
Je ne peux pas bouger mes jambes.	meʃ 'āder aḥarrak reglaya مش قادر أحرك رجلية

Je suis blessé /blessée/	'andy garrḥḥ عندي جرح
Est-ce que c'est sérieux?	da beggad? دة بجد؟
Mes papiers sont dans ma poche.	awwrā'y fi geyby أوراقي في جيبي
Calmez-vous!	ehhda'! !إهدا
Puis-je utiliser votre téléphone?	momken asstaxdem telefonak? ممكن أستخدم تليفونك؟

Appelez une ambulance!	oṭlob 'arabeyet eṣ'āf! !أطلب عربية إسعاف
C'est urgent!	di ḥāla messta'gela! !دي حالة مستعجلة
C'est une urgence!	di ḥāla ṭāre'a! !دي حالة طارئة
Dépêchez-vous, s'il vous plaît!	besor'a men faḍlak! !بسرعة من فضلك
Appelez le docteur, s'il vous plaît.	momken tekallem doktore men faḍlak? ممكن تكلم دكتور من فضلك؟
Où est l'hôpital?	feyn el mostaʃfa? فين المستشفى؟

Comment vous sentez-vous?	ḥāsses be eyh dellwa'ty حاسس بإيه دلوقتي؟
Est-ce que ça va?	enta bexeyr? إنت بخير؟
Qu'est-il arrivé?	eh elly ḥaṣal? إيه إللي حصل؟

Je me sens mieux maintenant.

ana ḥāsseṣ eny aḥssan dellwa'ty

أنا حاسس إني أحسن دلوقتي

Ça va. Tout va bien.

tamām

تمام

Ça va.

kollo tamām

كله تمام

À la pharmacie

pharmacie	ṣaydaliya
	صيدلية
pharmacie 24 heures	ṣaydaliya arb‘a we ‘eʃrīn sā‘a
	صيدلية 24 ساعة
Où se trouve la pharmacie la plus proche?	feyn aqrab ṣaydaliya?
	فين أقرب صيدلية؟
Est-elle ouverte en ce moment?	hiya fat-ḥa dellwa'ty?
	هي فاتحة دلوقتي؟
À quelle heure ouvre-t-elle?	betefftaḥ emta?
	بتفتح إمتى؟
à quelle heure ferme-t-elle?	bete'ffel emta?
	بتقفل إمتى؟
C'est loin?	hiya be‘eyda?
	هي بعيدة؟
Est-ce que je peux y aller à pied?	momken awṣal ḥenāk māʃy?
	ممكن أوصل هناك ماشي؟
Pouvez-vous me le montrer sur la carte?	momken tewarrīny ‘lal xarīṭa?
	ممكن توريني على الخريطة؟
Pouvez-vous me donner quelque chose contre ...	men faḍlak eddīny ḥāga le...
	من فضلك إديني حاجة لـ...
le mal de tête	el sodā‘
	الصداع
la toux	el kohḥa
	الكحة
le rhume	el bard
	البرد
la grippe	influenza
	الأنفلوانزا
la fièvre	el ḥumma
	الحمى
un mal d'estomac	el maɣaṣṣ
	المغص
la nausée	el ɣasayān
	الغثيان
la diarrhée	el es-hāl
	الإسهال
la constipation	el emsāk
	الإمساك
un mal de dos	alam fel ẓahr
	ألم في الظهر

les douleurs de poitrine	alam fel ṣadr
	ألم في الصدر
les points de côté	ɣorrza ganebiya
	غرزة جانبية
les douleurs abdominales	alam fel baṭṭn
	ألم في البطن

une pilule	ḥabba
	حبة
un onguent, une crème	marham, krīm
	مرهم، كريم
un sirop	ʃarāb
	شراب
un spray	baχāχ
	بخاخ
les gouttes	noqaṭṭ
	نقط

Vous devez allez à l'hôpital.	enta meḥtāg terūḥ
	انت محتاج تروح المستشفى
assurance maladie	taʾmīn ṣeḥhy
	تأمين صحي
prescription	roʃetta
	روشتة
produit anti-insecte	ṭāred lel haʃarāt
	طارد للحشرات
bandages adhésifs	blastar
	بلاستر

Les essentiels

Excusez-moi, ...

ba'd ezznak, ...

بعد إذنك، ...

Bonjour

ahlan

أهلا

Merci

ʃokran

شكرا

Au revoir

ella alliqā'

إلى اللقاء

Oui

aywā

أيوة

Non

la'a

لأ

Je ne sais pas.

ma'raʃʃ

ما أعرفش

Où? | Où? | Quand?

feyn? | lefeyn? | emta?

إمتى؟ | لفين؟ | فين؟

J'ai besoin de ...

mehtāg ...

محتاج ...

Je veux ...

'āyez ...

عايز ...

Avez-vous ... ?

ya tara 'andak ...?

يا ترى عندك...؟

Est-ce qu'il y a ... ici?

feyh hena ...?

فيه هنا ...؟

Puis-je ... ?

momken ...?

ممكن ...؟

s'il vous plaît (pour une demande)

... men faḍlak

من فضلك ...

Je cherche ...

ana badawwar 'la ...

أنا بادور على ...

les toilettes

ḥammām

حمام

un distributeur

makīnet ṣarraf 'āaly

ماكينة صراف آلي

une pharmacie

ṣaydaliya

صيدلية

l'hôpital

mostaʃʃa

مستشفى

le commissariat de police

'essm el ʃorṭa

قسم شرطة

une station de métro

metro el anfā'

مترو الأنفاق

un taxi	taksi تاكسي
la gare	mahattet el 'attr محطة القطر

Je m'appelle ...	essmy ... إسمي...
Comment vous appelez-vous?	essmak eyh? اسمك إيه؟
Aidez-moi, s'il vous plaît.	te'ddar tesā'dny? تقدر تساعدني؟
J'ai un problème.	ana 'andy moʃkela أنا عندي مشكلة
Je ne me sens pas bien.	ana ta'bān أنا تعبان
Appelez une ambulance!	otlob 'arabeyet es'āf! أطلب عربية إسعاف!
Puis-je faire un appel?	momken a'mel mokalma telefoniya? ممكن أعمل مكالمة تليفونية؟

Excusez-moi.	ana 'āssif أنا آسف
Je vous en prie.	el 'afw العفو

je, moi	ana أنا
tu, toi	enta أنت
il	howwa هو
elle	hiya هي
ils	homm هم
elles	homm هم
nous	ehna احنا
vous	entom انتم
Vous	haddretak حضرتك

ENTRÉE	doxūl دخول
SORTIE	xorūg خروج
HORS SERVICE | EN PANNE	'attlān عطلان
FERMÉ	moxlaq مغلق

OUVERT	maftūḥ
	مفتوح
POUR LES FEMMES	lel sayedāt
	للسيدات
POUR LES HOMMES	lel regāl
	للرجال

MINI DICTIONNAIRE

Cette section contient
250 mots, utiles nécessaires
à la communication
quotidienne.
Vous y trouverez le nom
des mois et des jours.
Le dictionnaire contient
aussi des sujets aussi variés
que les couleurs, les unités
de mesure, la famille et plus

T&P Books Publishing

CONTENU DU DICTIONNAIRE

T&P Books Publishing

1. Le temps. Le calendrier

temps (m)	waqt (m)	وقت
heure (f)	sā'a (f)	ساعة
demi-heure (f)	niṣf sā'a (m)	نصف ساعة
minute (f)	daqīqa (f)	دقيقة
seconde (f)	θāniya (f)	ثانية
aujourd'hui (adv)	al yawm	اليوم
demain (adv)	ɣadan	غدًا
hier (adv)	ams	أمس
lundi (m)	yawm al iθnayn (m)	يوم الإثنين
mardi (m)	yawm aθ θulāθā' (m)	يوم الثلاثاء
mercredi (m)	yawm al arbi'ā' (m)	يوم الأربعاء
jeudi (m)	yawm al χamīs (m)	يوم الخميس
vendredi (m)	yawm al ʒum'a (m)	يوم الجمعة
samedi (m)	yawm as sabt (m)	يوم السبت
dimanche (m)	yawm al aḥad (m)	يوم الأحد
jour (m)	yawm	يوم
jour (m) ouvrable	yawm 'amal (m)	يوم عمل
jour (m) férié	yawm al 'uṭla ar rasmiyya (m)	يوم العطلة الرسمية
week-end (m)	ayyām al 'uṭla (pl)	أيام العطلة
semaine (f)	usbū' (m)	أسبوع
la semaine dernière	fil isbū' al māḍi	في الأسبوع الماضي
la semaine prochaine	fil isbū' al qādim	في الأسبوع القادم
le matin	fiṣ ṣabāḥ	في الصباح
dans l'après-midi	ba'd aẓ ẓuhr	بعد الظهر
le soir	fil masā'	في المساء
ce soir	al yawm fil masā'	اليوم في المساء
la nuit	bil layl	بالليل
minuit (f)	muntaṣif al layl (m)	منتصف الليل
janvier (m)	yanāyir (m)	يناير
février (m)	fibrāyir (m)	فبراير
mars (m)	māris (m)	مارس
avril (m)	abrīl (m)	أبريل
mai (m)	māyu (m)	مايو
juin (m)	yūnyu (m)	يونيو
juillet (m)	yūlyu (m)	يوليو
août (m)	aɣusṭus (m)	أغسطس

septembre (m)	sibtambar (m)	سبتمبر
octobre (m)	uktūbir (m)	أكتوبر
novembre (m)	nuvimbar (m)	نوفمبر
décembre (m)	disimbar (m)	ديسمبر
au printemps	fir rabī'	في الربيع
en été	fiṣ ṣayf	في الصيف
en automne	fil ҳarīf	في الخريف
en hiver	fiʃ ʃitā'	في الشتاء
mois (m)	ʃahr (m)	شهر
saison (f)	faṣl (m)	فصل
année (f)	sana (f)	سنة

2. Nombres. Adjectifs numéraux

zéro	ṣifr	صفر
un	wāḥid	واحد
deux	iθnān	إثنان
trois	θalāθa	ثلاثة
quatre	arba'a	أربعة
cinq	ҳamsa	خمسة
six	sitta	ستّة
sept	sab'a	سبعة
huit	θamāniya	ثمانية
neuf	tis'a	تسعة
dix	'aʃara	عشرة
onze	aḥad 'aʃar	أحد عشر
douze	iθnā 'aʃar	إثنا عشر
treize	θalāθat 'aʃar	ثلاثة عشر
quatorze	arba'at 'aʃar	أربعة عشر
quinze	ҳamsat 'aʃar	خمسة عشر
seize	sittat 'aʃar	ستّة عشر
dix-sept	sab'at 'aʃar	سبعة عشر
dix-huit	θamāniyat 'aʃar	ثمانية عشر
dix-neuf	tis'at 'aʃar	تسعة عشر
vingt	'iʃrūn	عشرون
trente	θalāθīn	ثلاثون
quarante	arba'ūn	أربعون
cinquante	ҳamsūn	خمسون
soixante	sittūn	ستّون
soixante-dix	sab'ūn	سبعون
quatre-vingts	θamānūn	ثمانون
quatre-vingt-dix	tis'ūn	تسعون
cent	mi'a	مائة

deux cents	mi'atān	مائتان
trois cents	θalāθumi'a	ثلاثمائة
quatre cents	rub'umi'a	أربعمائة
cinq cents	χamsumi'a	خمسمائة
six cents	sittumi'a	ستّمائة
sept cents	sab'umi'a	سبعمائة
huit cents	θamānimi'a	ثمانمائة
neuf cents	tis'umi'a	تسعمائة
mille	alf	ألف
dix mille	'aʃarat 'ālāf	عشرة آلاف
cent mille	mi'at alf	مائة ألف
million (m)	milyūn (m)	مليون
milliard (m)	milyār (m)	مليار

3. L'être humain. La famille

homme (m)	raʒul (m)	رجل
jeune homme (m)	ʃābb (m)	شابّ
femme (f)	imra'a (f)	إمرأة
jeune fille (f)	fatāt (f)	فتاة
vieillard (m)	'aʒūz (m)	عجوز
vieille femme (f)	'aʒūza (f)	عجوزة
mère (f)	umm (f)	أمّ
père (m)	ab (m)	أب
fils (m)	ibn (m)	إبن
fille (f)	ibna (f)	إبنة
frère (m)	aχ (m)	أخ
sœur (f)	uχt (f)	أخت
parents (m pl)	wālidān (du)	والدان
enfant (m, f)	ṭifl (m)	طفل
enfants (pl)	aṭfāl (pl)	أطفال
belle-mère (f)	zawʒat al ab (f)	زوجة الأب
beau-père (m)	zawʒ al umm (m)	زوج الأمّ
grand-mère (f)	ʒidda (f)	جدّة
grand-père (m)	ʒadd (m)	جدّ
petit-fils (m)	ḥafīd (m)	حفيد
petite-fille (f)	ḥafida (f)	حفيدة
petits-enfants (pl)	aḥfād (pl)	أحفاد
oncle (m)	'amm (m), χāl (m)	عمّ، خال
tante (f)	'amma (f), χāla (f)	عمّة، خالة
neveu (m)	ibn al aχ (m), ibn al uχt (m)	إبن الأخ، إبن الأخت
nièce (f)	ibnat al aχ (f), ibnat al uχt (f)	إبنة الأخ، إبنة الأخت
femme (f)	zawʒa (f)	زوجة

mari (m)	zawʒ (m)	زوج
marié (adj)	mutazawwiʒ	متزوِّج
mariée (adj)	mutazawwiʒa	متزوِّجة
veuve (f)	armala (f)	أرملة
veuf (m)	armal (m)	أرمل
prénom (m)	ism (m)	إسم
nom (m) de famille	ism al ʿāʾila (m)	إسم العائلة
parent (m)	qarīb (m)	قريب
ami (m)	ṣadīq (m)	صديق
amitié (f)	ṣadāqa (f)	صداقة
partenaire (m)	rafīq (m)	رفيق
supérieur (m)	raʾīs (m)	رئيس
collègue (m, f)	zamīl (m)	زميل
voisins (m pl)	ʒirān (pl)	جيران

4. Le corps humain. L'anatomie

corps (m)	ʒism (m)	جسم
cœur (m)	qalb (m)	قلب
sang (m)	dam (m)	دم
cerveau (m)	muxx (m)	مخ
os (m)	ʿaẓm (m)	عظم
colonne (f) vertébrale	ʿamūd faqriy (m)	عمود فقريّ
côte (f)	ḍilʿ (m)	ضلع
poumons (m pl)	riʾatān (du)	رئتان
peau (f)	buʃra (m)	بشرة
tête (f)	raʾs (m)	رأس
visage (m)	waʒh (m)	وجه
nez (m)	anf (m)	أنف
front (m)	ʒabha (f)	جبهة
joue (f)	xadd (m)	خدّ
bouche (f)	fam (m)	فم
langue (f)	lisān (m)	لسان
dent (f)	sinn (f)	سنّ
lèvres (f pl)	ʃifāh (pl)	شفاه
menton (m)	ðaqan (m)	ذقن
oreille (f)	uðun (f)	أذن
cou (m)	raqaba (f)	رقبة
œil (m)	ʿayn (f)	عين
pupille (f)	ḥadaqa (f)	حدقة
sourcil (m)	ḥāʒib (m)	حاجب
cil (m)	rimʃ (m)	رمش
cheveux (m pl)	ʃaʿr (m)	شعر

coiffure (f)	tasrīḥa (f)	تسريحة
moustache (f)	ʃawārib (pl)	شوارب
barbe (f)	liḥya (f)	لحية
porter (~ la barbe)	ʿindahu	عنده
chauve (adj)	aṣlaʿ	أصلع
main (f)	yad (m)	يد
bras (m)	ðirāʿ (f)	ذراع
doigt (m)	iṣbaʿ (m)	إصبع
ongle (m)	ẓufr (m)	ظفر
paume (f)	kaff (f)	كفّ
épaule (f)	katf (f)	كتف
jambe (f)	riʒl (f)	رجل
genou (m)	rukba (f)	ركبة
talon (m)	ʿaqb (m)	عقب
dos (m)	ẓahr (m)	ظهر

5. Les vêtements. Les accessoires personnels

vêtement (m)	malābis (pl)	ملابس
manteau (m)	miʿtaf (m)	معطف
manteau (m) de fourrure	miʿtaf farw (m)	معطف فرو
veste (f) (~ en cuir)	ʒākīt (m)	جاكيت
imperméable (m)	miʿtaf lil maṭar (m)	معطف للمطر
chemise (f)	qamīṣ (m)	قميص
pantalon (m)	banṭalūn (m)	بنطلون
veston (m)	sutra (f)	سترة
complet (m)	badla (f)	بدلة
robe (f)	fustān (m)	فستان
jupe (f)	tannūra (f)	تنّورة
tee-shirt (m)	ti ʃirt (m)	تي شيرت
peignoir (m) de bain	θawb ḥammām (m)	ثوب حمّام
pyjama (m)	biʒāma (f)	بيجاما
tenue (f) de travail	θiyāb al ʿamal (m)	ثياب العمل
sous-vêtements (m pl)	malābis dāχiliyya (pl)	ملابس داخليّة
chaussettes (f pl)	ʒawārib (pl)	جوارب
soutien-gorge (m)	ḥammālat ṣadr (f)	حمّالة صدر
collants (m pl)	ʒawārib kulūn (pl)	جوارب كولون
bas (m pl)	ʒawārib nisāʾiyya (pl)	جوارب نسائية
maillot (m) de bain	libās sibāḥa (m)	لباس سباحة
chapeau (m)	qubbaʿa (f)	قبّعة
chaussures (f pl)	aḥðiya (pl)	أحذية
bottes (f pl)	būt (m)	بوت
talon (m)	kaʿb (m)	كعب
lacet (m)	ʃarīṭ (m)	شريط

cirage (m)	warnīʃ al ḥiðā' (m)	ورنيش الحذاء
gants (m pl)	quffāz (m)	قفاز
moufles (f pl)	quffāz muɣlaq (m)	قفاز مغلق
écharpe (f)	'īʃārb (m)	إيشارب
lunettes (f pl)	naẓẓāra (f)	نظارة
parapluie (m)	ʃamsiyya (f)	شمسيّة
cravate (f)	karavatta (f)	كرافتة
mouchoir (m)	mandīl (m)	منديل
peigne (m)	miʃṭ (m)	مشط
brosse (f) à cheveux	furʃat ʃa'r (f)	فرشة شعر
boucle (f)	bukla (f)	بكلة
ceinture (f)	ḥizām (m)	حزام
sac (m) à main	ʃanṭat yad (f)	شنطة يد

6. La maison. L'appartement

appartement (m)	ʃaqqa (f)	شقّة
chambre (f)	ɣurfa (f)	غرفة
chambre (f) à coucher	ɣurfat an nawm (m)	غرفة النوم
salle (f) à manger	ɣurfat il akl (f)	غرفة الأكل
salon (m)	ṣālat al istiqbāl (f)	صالة الإستقبال
bureau (m)	maktab (m)	مكتب
antichambre (f)	madχal (m)	مدخل
salle (f) de bains	ḥammām (m)	حمّام
toilettes (f pl)	ḥammām (m)	حمّام
aspirateur (m)	miknasa kahrabā'iyya (f)	مكنسة كهربائيّة
balai (m) à franges	mimsaḥa ṭawīla (f)	ممسحة طويلة
torchon (m)	mimsaḥa (f)	ممسحة
balayette (f) de sorgho	miqaʃʃa (f)	مقشّة
pelle (f) à ordures	ʒārūf (m)	جاروف
meubles (m pl)	aθāθ (m)	أثاث
table (f)	maktab (m)	مكتب
chaise (f)	kursiy (m)	كرسيّ
fauteuil (m)	kursiy (m)	كرسيّ
miroir (m)	mir'āt (f)	مرآة
tapis (m)	siʒāda (f)	سجادة
cheminée (f)	midfa'a ḥā'iṭiyya (f)	مدفأة حائطيّة
rideaux (m pl)	satā'ir (pl)	ستائر
lampe (f) de table	miṣbāḥ aṭ ṭāwila (m)	مصباح الطاولة
lustre (m)	naʒafa (f)	نجفة
cuisine (f)	matbaχ (m)	مطبخ
cuisinière (f) à gaz	butuɣāz (m)	بوتوغاز
cuisinière (f) électrique	furn kaharabā'iy (m)	فرن كهربائيّ

four (m) micro-ondes	furn al mikruwayv (m)	فرن الميكروويف
réfrigérateur (m)	θallāʒa (f)	ثلاجة
congélateur (m)	frīzir (m)	فريزر
lave-vaisselle (m)	ɣassāla (f)	غسّالة
robinet (m)	ḥanafiyya (f)	حنفيّة
hachoir (m) à viande	farrāmat laḥm (f)	فرّامة لحم
centrifugeuse (f)	ʿaṣṣāra (f)	عصّارة
grille-pain (m)	maḥmaṣat χubz (f)	محمصة خبز
batteur (m)	χallāṭ (m)	خلّاط
machine (f) à café	mākinat ṣanʿ al qahwa (f)	ماكينة صنع القهوة
bouilloire (f)	barrād (m)	برّاد
théière (f)	barrād aʃʃāy (m)	برّاد الشاي
téléviseur (m)	tilivizyūn (m)	تليفزيون
magnétoscope (m)	ʒihāz tasʒīl vidiyu (m)	جهاز تسجيل فيديو
fer (m) à repasser	makwāt (f)	مكواة
téléphone (m)	hātif (m)	هاتف